Impressum
Verlag: BABADADA GmbH, Nedderfeld 112 , 22529 Hamburg
Geschäftsführer / Verlagsleitung: Harald Hof
Druck: Books on Demand GmbH, In de Tarpen 42, 22848 Norderstedt

Imprint
Publisher: BABADADA GmbH, Nedderfeld 112 , 22529 Hamburg, Germany
Managing Director / Publishing direction: Harald Hof
Print: Books on Demand GmbH, In de Tarpen 42, 22848 Norderstedt

delen
除

186/2

bord
黑板

klaslokaal
教室

leerkracht
老師

schrijven
書寫

papier
紙

pen
筆

bureau
辦公桌

liniaal
直尺

boek
書

schooltas
書包

pennenzak
鉛筆盒

potlood
鉛筆

puntenslijper
削鉛筆機

gom
橡皮擦

tekenblok
畫板

tekening

圖畫

verfborstel

畫筆

verfdoos

顏料盒

schaar

剪刀

lijm

膠水

werkboek

練習冊

huiswerk

家庭作業

nummer

數字

optellen

加

aftrekken

減

vermenigvuldigen

乘

rekenen

計算

letter

字母

alfabet

字母表

woord

字

tekst

課文

Lezen

讀

krijt

粉筆

les

上課

klassenboek

登記

examen

考試

certificaat

證書

schooluniform

校服

onderwijs

教育

encyclopedie

百科全書

universiteit

大學

microscoop

顯微鏡

kaart

地圖

papiermand

廢紙簍

hotel
飯店

jeugdherberg
青年旅社

wisselkantoor
外幣兌換處

koffer
手提箱

auto
汽車

Taal
語言

ja / nee
是/否

oké
好的

hallo
您好

vertaler
翻譯人員

bedankt
謝謝

reis - 旅行

Hoeveel kost …?

……多少錢？

Ik begrijp het niet

我不明白

probleem

問題

Goedenavond!

晚上好！

Goedemorgen!

早上好！

Goedenavond!

晚安！

Tot ziens

再見

richting

方向

bagage

行李

zak

包

rugzak

背包

gast

客人

kamer

房間

slaapzak

睡袋

tent

帳篷

toeristeninformatie

旅行資訊

strand

海灘

kredietkaart

信用卡

ontbijt

早餐

lunch

午餐

avondeten

晚餐

ticket

票

lift

電梯

postzegel

郵票

grens

邊界

douane

海關

ambassade

大使館

visum

簽證

paspoort

護照

vliegtuig
飛機

schip
船

brandweerwagen
消防車

bus
公車

vrachtwagen
卡車

motorboot
汽艇

auto
汽車

fiets
腳踏車

veerboot
渡輪

boot
小船

motor
機車

politiewagen
警車

racewagen
賽車

huurauto
租車

carpoolen

拼車

sleepwagen

拖車

vuilniswagen

垃圾車

motor

馬達

benzine

汽油

benzinestation

加油站

verkeersbord

交通標識

verkeer

交通

file

交通堵塞

parkeerplaats

停車場

station

火車站

sporen

軌道

trein

火車

tram

路面電車

wagon

客車廂

helikopter

直升機

luchthaven

機場

toren

塔

passagier

乘客

container

集裝箱

karton

紙板箱

kar

手推車

mand

籃子

opstijgen / landen

起飛/降落

城市

dorp

村莊

stadscentrum

市中心

huis

房子

bioscoop
電影院

reclame
廣告

CINEMA

straatlantaarn
路燈

straat
街道

taxi
計程車

voetganger
行人

kiosk
小吃店

trottoir
人行道

zebrapad
斑馬線

vuilnisbak
垃圾箱

kruispunt
十字路口

verkeerslichten
紅綠燈

hut
小屋

woning
公寓

station
火車站

stadshuis
市政廳

museum
博物館

school
學校

universiteit

大學

bank

銀行

ziekenhuis

醫院

hotel

飯店

apotheek

藥房

kantoor

辦公室

boekwinkel

書店

winkel

商店

bloemenwinkel

花店

supermarkt

超市

markt

市場

warenhuis

百貨商店

vishandelaar

魚店

winkelcentrum

購物中心

haven

海港

park

公園

bank

長凳

brug

橋

trap

樓梯

metro

捷運

tunnel

隧道

bushalte

公車站

bar

酒吧

restaurant

餐館

brievenbus

郵筒

straatnaambord

路標

parkeermeter

停車計時器

zoo

動物園

zwembad

游泳池

moskee

清真寺

boerderij
農場

milieuverontreiniging
污染

kerkhof
墓地

kerk
教堂

speelplaats
操場

tempel
寺廟

地形

blad
樹葉

wegwijzer
指示牌

weg
路

weide
草地

steen
石頭

wandelaar
徒步旅行者

boo[m]
樹

rivier
河

gras
草

bloem
花

vallei

峽谷

heuvel

丘陵

meer

湖

bos

森林

woestijn

沙漠

vulkaan

火山

kasteel

城堡

regenboog

彩虹

paddenstoel

蘑菇

palmboom

棕櫚樹

mug

蚊子

vlieg

蒼蠅

mier

螞蟻

bijl

蜜蜂

spin

蜘蛛

landschap - 地形

kever

甲蟲

kikker

青蛙

eekhoorn

松鼠

egel

刺蝟

haas

野兔

uil

貓頭鷹

vogel

鳥

zwaan

天鵝

wild zwijn

野豬

hert

鹿

eland

麋鹿

dam

水壩

windturbine

風力發電機

zonnepaneel

太陽能電池板

klimaat

氣候

ober
服務生

menu
菜譜

stoel
椅子

soep
湯

pizza
披薩餅

bestek
餐具

tafelkleed
桌布

voorgerecht

前菜

hoofdgerecht

主菜

nagerecht

甜點

drankjes

飲料

eten

食物

fles

瓶子

fastfood

速食

street food

街邊小吃

theepot

茶壺

suikerpot

糖盒

portie

一份飯菜

espressomachine

義式咖啡機

kinderstoel

高腳椅

rekening

帳單

dienblad

托盤

mes

刀

vork

餐叉

lepel

勺子

theelepel

茶匙

serviette

餐巾

glas

玻璃杯

bord

碟子

soepbord

湯盤

schoteltje

碟子

saus

醬

zoutvatje

鹽瓶

pepermolen

胡椒研磨罐

azijn

醋

olie

食用油

kruiden

調味料

ketchup

番茄醬

mosterd

芥末

mayonaise

美乃滋

aanbieding
特價

klant
顧客

zuivelproducten
乳製品

fruit
水果

winkelwagen
購物車

FOR

slagerij 肉鋪	bakkerij 麵包店	wegen 稱重
groenten 蔬菜	vlees 肉	diepvriesvoedsel 冷凍食品

charcuterie

冷盤

conserven

罐頭食品

waspoeder

洗衣粉

snoep

甜食

huishoudproducten

日用品

schoonmaakproducten

清潔用品

verkoopster

銷售員

kassa

收銀機

kassier

收銀員

boodschappenlijstje

購物清單

openingstijden

開放時間

portefeuille

錢包

kredietkaart

信用卡

tas

袋子

plastieken zakje

塑膠袋

water

水

sap

果汁

melk

牛奶

cola

可樂

wijn

紅酒

bier

啤酒

alcohol

酒

cacao

可可

thee

茶

koffie

咖啡

espresso

義式濃縮咖啡

cappuccino

卡布奇諾

banaan

香蕉

appel

蘋果

sinaasappel

柳丁

meloen

西瓜

citroen

檸檬

wortel

胡蘿蔔

knoflook

大蒜

bamboe

竹子

ajuin

洋蔥

champignon

蘑菇

noten

堅果

noodles

麵條

spaghetti

義大利麵

rijst

米飯

salade

沙拉

frieten

薯條

gebakken aardappelen

炸馬鈴薯

pizza

披薩餅

hamburger

漢堡

sandwich

三明治

kalfslapje

炸豬排

ham

火腿

salami

義大利臘腸

worst

香腸

kip

雞肉

braden

烤肉

vis

魚

havervlokken

燕麥片

muesli

木斯里

cornflakes

玉米片

bloem

麵粉

croissant

牛角麵包

pistolet

麵包捲

brood

麵包

toast

吐司

koekjes

餅乾

boter

奶油

kwark

凝乳

taart

蛋糕

ei

蛋

spiegelei

煎蛋

kaas

起司

ijs

冰淇淋

suiker

糖

honing

蜂蜜

confituur

果醬

choco

巧克力醬

curry

咖哩

boerderij
農舍

schuur
糧倉

strobaal
稻草捆

veld
田野

paard
馬

aanhangwagen
拖車

veulen
馬駒

tractor
拖拉機

ezel
驢

schaap
羊

lam
羔羊

geit
山羊

koe
奶牛

kalf
小牛

varken
豬

biggetje
小豬

stier
公牛

gans

鵝

eend

鴨

kuiken

小雞

kip

母雞

haan

公雞

rat

鼠

kat

貓

muis

老鼠

os

牛

hond

狗

hondenhok

狗屋

tuinslang

花園澆水軟管

gieter

澆水壺

zeis

長柄大鐮刀

ploeg

犁

sikkel

鐮刀

schoffel

鋤頭

hooivork

長柄草耙

bijl

斧頭

kruiwagen

獨輪手推車

trog

飼料槽

melkkan

牛奶罐

zak

麻布袋

hek

柵欄

stal

馬廄

broeikas

溫室

bodem

土壤

zaad

種子

mest

肥料

maaidorser

聯合收割機

oogsten

收割

oogst

收割

yam

地瓜

tarwe

小麥

soja

大豆

aardappel

土豆

maïs

玉米

koolzaad

油菜籽

fruitboom

果樹

maniok

樹薯

graan

穀物

schoorsteen
煙囪

dak
屋頂

regenpijp
落水管

raam
窗戶

garage
車庫

deurbel
門鈴

deur
門

vuilnisbak
垃圾桶

brievenbus
信箱

tuin
花園

woonkamer

客廳

badkamer

浴室

keuken

廚房

slaapkamer

臥室

kinderkamer

兒童房

eetkamer

餐廳

vloer

地板

muur

牆壁

plafond

天花板

kelder

地窖

sauna

三溫暖

balkon

陽臺

terras

露臺

zwembad

游泳池

grasmaaier

割草機

dekbedovertrek

被單

dekbed

床罩

bed

床

bezem

掃帚

emmer

水桶

schakelaar

開關

behangpapier
壁紙

lamp
檯燈

foto
相片

schap
擱架

kast
櫥櫃

haard

televisie
電視

bloem
花

kussen
墊子

sofa
沙發

vaas
花瓶

afstandsbediening
遙控器

mat
地毯

gordijn
窗簾

tafel
餐桌

stoel
椅子

schommelstoel
搖椅

fauteuil
扶手椅

boek

書

deken

毯子

decoratie

裝飾品

brandhout

木柴

film

電影

stereo-installatie

高傳真音響

sleutel

鑰匙

krant

報紙

schilderij

油畫

poster

海報

radio

收音機

notitieboekje

筆記本

stofzuiger

吸塵器

cactus

仙人掌

kaars

蠟燭

koelkast
冰箱

microgolfoven
微波爐

keukenweegschaal
廚房秤

broodrooster
烤麵包機

afwasmiddel
洗潔精

oven
烤箱

vriesvak
冰櫃

vuilnisbak
垃圾桶

vaatwasmachine
洗碗機

fornuis

炊具

pot

鍋

gietijzeren pot

鑄鐵鍋

wok / kadai

炒鍋

pan

平底鍋

waterkoker

水壺

stoomkoker

蒸鍋

bakplaat

烤盤

servies

陶瓷鍋

mok

馬克杯

kom

碗

eetstokjes

筷子

pollepel

長柄勺

spatel

鏟子

garde

攪拌器

vergiet

濾網

zeef

篩子

rasp

磨碎機

mortier

研缽

barbecue

燒烤

haardvuur

明火

snijplank

菜板

deegrol

擀麵杖

kurkentrekker

開瓶器

blik

罐子

blikopener

開罐器

pannenlap

隔熱手套

gootsteen

水槽

borstel

刷子

spons

海綿

blender

攪拌機

vriezer

冷藏箱

papfles

奶瓶

kraan

水龍頭

verwarming
供暖裝置

douche
淋浴

handdoek
毛巾

douchegordijn
浴簾

bubbelbad
泡沫浴

badkuip
浴缸

glas
玻璃杯

wasmachine
洗衣機

tegels
瓷磚

kraan
水龍頭

kinderpo
便壺

gootsteen
水槽

toilet	hurktoilet	bidet
廁所	蹲便器	坐浴器

urinoir	toiletpapier	toiletborstel
小便斗	廁紙	馬桶刷

tandenborstel

牙刷

tandpasta

牙膏

flosdraad

牙線

wassen

洗

handdouche

手持式蓮蓬頭

bidethanddouche

沖洗器

waskom

洗臉盆

rugborstel

洗背刷

zeep

肥皂

douchegel

沐浴露

shampoo

洗髮乳

washandje

法蘭絨

afvoer

排水

crème

乳霜

deodorant

除臭劑

spiegel

鏡子

handspiegel

手鏡

scheermes

刮鬍刀

scheerschuim

刮鬍泡沫

aftershave

鬚後水

kam

梳子

borstel

刷子

haardroger

吹風機

haarlak

噴髮定型劑

make-up

化妝品

lippenstift

唇膏

nagellak

指甲油

watten

化妝棉

nagelknipper

指甲剪

parfum

香水

toilettas

洗漱包

kruk

凳子

weegschaal

計重秤

badjas

浴袍

latex handschoenen

橡膠手套

tampon

衛生棉條

maandverband

衛生棉

chemisch toilet

化學廁所

wekker
鬧鐘

knuffel
毛絨玩具

speelgoedauto
玩具車

rammelaar
撥浪鼓

poppenhuis
玩具屋

geschenk
禮物

ballon
氣球

bed
床

kinderwagen
嬰兒車

spel kaarten
撲克牌

puzzel
拼圖

stripboek
漫畫

legoblokjes

樂高積木

blokken

積木玩具

actiefiguur

公仔

kruippakje

嬰兒服

frisbee

飛盤

mobiel

床鈴玩具

bordspel

棋盤遊戲

dobbelsteen

骰子

modelspoorweg

火車模型

fopspeen

安撫奶嘴

feest

派對

prentenboek

繪本

bal

球

pop

洋娃娃

spelen

玩

zandbak

沙坑

schommel

鞦韆

speelgoed

玩具

spelconsole

電玩遊戲

driewieler

三輪車

knuffelbeer

泰迪熊

kleerkast

衣櫃

衣服

sokken

襪子

kousen

長襪

maillot

緊身褲

sjaal
圍巾

paraplu
雨傘

T-shirt
T恤

riem
皮帶

laarzen
靴子

slippers
拖鞋

sneakers
運動鞋

sandalen

涼鞋

schoenen

鞋

rubberlaarzen

雨靴

onderbroek

內褲

beha

胸罩

onderhemd

背心

lichaam

身體

broek

褲子

jeans

牛仔褲

rok

短裙

blouse

女式襯衫

hemd

襯衫

trui

套頭衫

capuchontrui

連帽上衣

blazer

西裝夾克

jas

夾克

jas

外套

regenjas

雨衣

kostuum

套裝

jurk

連衣裙

trouwjurk

婚紗

pak

西裝

nachthemd

睡袍

pyjama

睡衣

sari

莎麗

hoofddoek

頭巾

tulband

包頭巾

boerka

波卡

kaftan

卡夫坦

abaya

(阿拉伯式)長袍

badpak

泳衣

zwembroek

男式泳褲

short

短褲

trainingspak

運動服

schort

圍裙

handschoenen

手套

kleding - 衣服

knoop

鈕扣

bril

眼鏡

armband

手鏈

ketting

項鍊

ring

戒指

oorbel

耳環

pet

便帽

kapstok

衣架

hoed

帽子

das

領帶

rits

拉鍊

helm

安全帽

bretellen

背帶

schooluniform

校服

uniform

制服

slabbetje

圍兜

fopspeen

安撫奶嘴

luier

尿布

papier
紙

dossierkast
檔案櫃

printer
印表機

server
伺服器

monitor
螢幕

muis
滑鼠

toestenbord

koffiemok

咖啡杯

rekenmachine

計算機

internet

網際網路

laptop

筆記型電腦

brief

信件

bericht

簡訊

gsm

行動電話

netwerk

網路

kopieerapparaat

影印機

software

軟體

telefoon

電話

stopcontact

插座

fax

傳真機

formulier

表格

document

檔案

kopen

買

betalen

付錢

handelen

交易

geld

現金

dollar

美元

euro

歐元

yen

日元

roebel

盧布

Zwitserse frank

瑞士法郎

Chinese renminbi

人民幣

roepie

盧比

geldautomaat

提款處

wisselkantoor

外幣兌換處

goud

金

zilver

銀

olie

石油

energie

能源

prijs

價格

contract

合約

belasting

稅金

aandeel

股票

werken

工作

werknemer

職員

werkgever

老闆

fabriek

工廠

winkel

商店

politieagent
警官

brandweerman
消防員

kok
廚師

dokter
醫師

piloot
飛行員

tuinman

園丁

timmerman

木匠

naaister

裁縫

rechter

法官

chemicus

化學家

acteur

演員

buschauffeur

公車司機

taxichauffeur

計程車司機

visser

漁夫

schoonmaakster

清洗女工

dakdekker

屋頂工

ober

服務生

jager

獵人

schilder

畫家

bakker

麵包師

elektricien

電工

bouwvakker

建築工人

ingenieur

工程師

slager

屠夫

loodgieter

水管工

postbode

郵差

soldaat

士兵

architect

建築師

kassier

收銀員

bloemist

花農

kapper

理髮師

conducteur

售票員

mecanicien

機械技師

kapitein

船長

tandarts

牙醫

wetenschapper

科學家

rabbijn

拉比

imam

伊瑪目

monnik

和尚

geestelijke

牧師

hamer
鐵錘

tang
鉗子

schroevendraaier
螺絲起子

schroefsleutel
扳手

zaklamp
手電筒

graafmachine

挖掘機

gereedschapskoffer

工具箱

ladder

梯子

zaag

鋸子

spijkers

釘子

boormachine

鑽機

repareren

修

schop

鏟子

Verdomme!

糟糕！

blik

畚箕

verfpot

油漆桶

schroeven

螺絲

樂器

drumstel
打擊樂器

luidspreker
揚聲器

contrabas
低音提琴

trompet
小號

gitaar
吉他

piano

鋼琴

viool

小提琴

basgitaar

貝斯

pauk

定音鼓

trommels

鼓

keyboard

電子琴

saxofoon

薩克斯風

fluit

長笛

microfoon

麥克風

tijger
老虎

ingang
入口

kooi
籠子

zebra
斑馬

diereneten
動物飼料

panda
熊貓

dieren

動物

olifant

大象

kangoeroe

袋鼠

neushoorn

犀牛

gorilla

大猩猩

beer

熊

kameel

駱駝

struisvogel

鴕鳥

leeuw

獅子

aap

猴子

flamingo

紅鶴

papegaai

鸚鵡

ijsbeer

北極熊

pinguïn

企鵝

haai

鯊魚

pauw

孔雀

slang

蛇

krokodil

鱷魚

dierenverzorger

動物園管理員

zeehond

海豹

jaguar

美洲豹

pony

矮種馬

luipaard

豹

nijlpaard

河馬

giraffe

長頸鹿

adelaar

老鷹

wild zwijn

野豬

vis

魚

zeeschildpad

龜

walrus

海象

vos

狐狸

gazelle

羚羊

rugby
橄欖球

wielrennen
騎腳踏車

tennis
網球

basketbal
籃球

zwemmen
游泳

boksen
拳擊

ijshockey
冰球

voetbal
美式足球

badminton
羽毛球

atletiek
田徑

handbal
手球

skiën
滑雪

polo
馬球

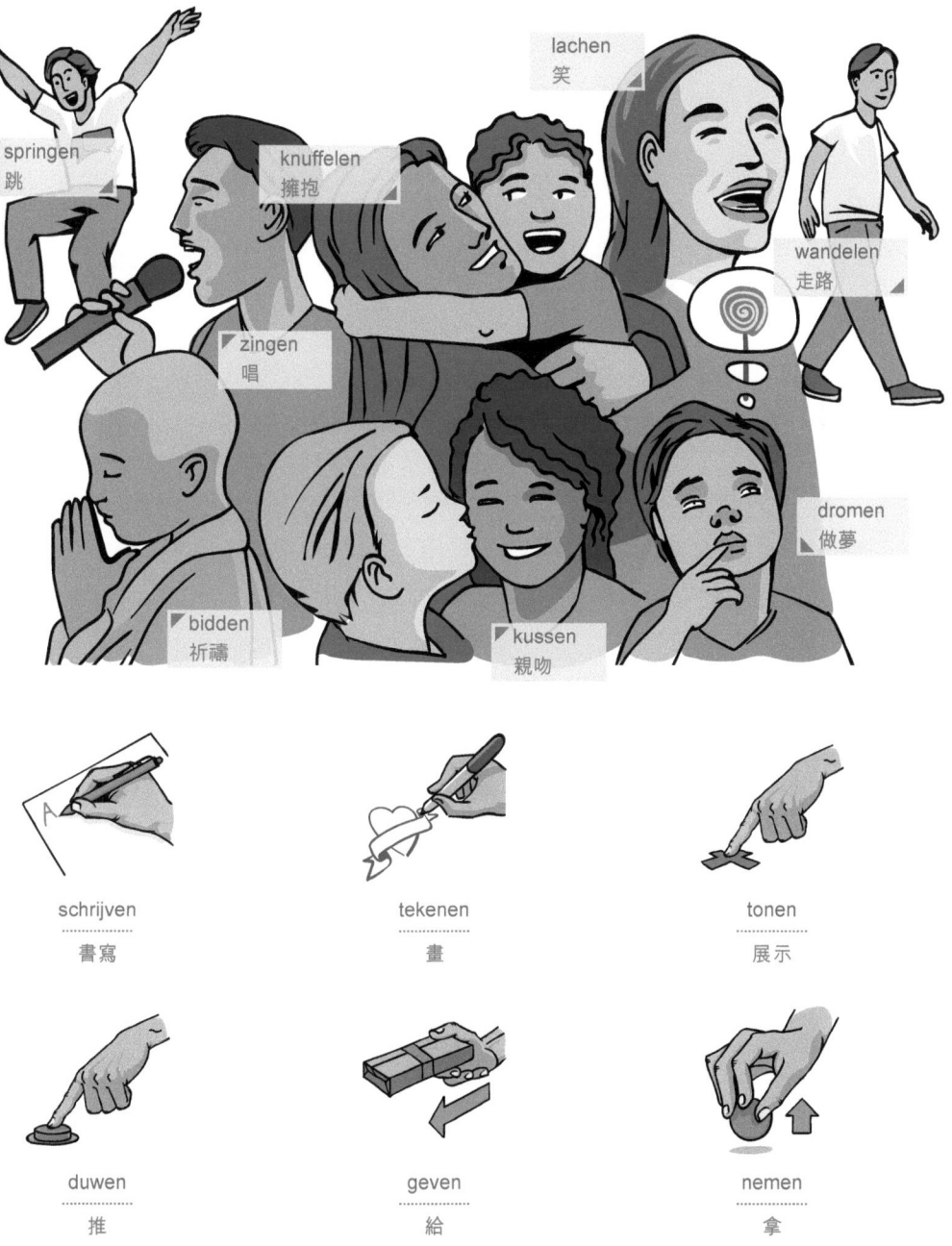

springen
跳

lachen
笑

knuffelen
擁抱

wandelen
走路

zingen
唱

dromen
做夢

bidden
祈禱

kussen
親吻

schrijven
書寫

tekenen
畫

tonen
展示

duwen
推

geven
給

nemen
拿

hebben

有

doen

做

zijn

當

staan

站

lopen

跑

trekken

拉

gooien

丟

vallen

摔倒

liggen

躺

wachten

等待

dragen

攜帶

zitten

坐

aankleden

穿衣

slapen

睡覺

ontwaken

醒來

kijken naar

看

wenen

哭

aaien

擊

kammen

梳頭

praten

交談

begrijpen

明白

vragen

問

luisteren

聽

drinken

喝

eten

吃

opruimen

清理

houden van

愛

koken

做飯

rijden

開車

vliegen

飛

zeilen

航行

rekenen

計算

Lezen

讀

leren

學習

werken

工作

trouwen

結婚

naaien

縫

tandenpoetsen

刷牙

doden

殺

roken

抽菸

sturen

寄

grootmoeder
祖母

grootvader
祖父

vader
父親

moeder
母親

baby
嬰兒

dochter
女兒

zoon
兒子

gast

客人

tante

阿姨

oom

叔叔

broer

兄弟

zus

姐妹

voorhoofd
前額

oog
眼睛

schouder
肩膀

vinger
手指

gezicht
臉

kin
下巴

hand
手

borst
乳房

been
腿

arm
手臂

baby
嬰兒

man
男人

vrouw
女人

meisje
女孩

jongen
男孩

hoofd
頭

rug

背部

buik

肚子

navel

肚臍

teen

腳趾

hiel

腳後跟

bot

骨頭

heup

臀部

knie

膝蓋

elleboog

手肘

neus

鼻子

zitvlak

屁股

huid

皮膚

wang

臉頰

oor

耳朵

lip

嘴唇

mond
嘴

tand
牙齒

tong
舌頭

hersenen
腦

hart
心臟

spier
肌肉

long
肺

lever
肝臟

maag
胃

nieren
腎臟

seks
性交

condoom
保險套

eicel
卵子

sperma
精子

zwangerschap
懷孕

menstruatie

月事

vagina

陰道

penis

陰莖

wenkbrauw

眉毛

haar

頭髮

nek

脖子

ziekenhuis
醫院

ambulance
急救車

breuk
骨折

dokter

醫師

spoed

急診室

verpleegkundige

護理師

noodgeval

緊急情形

bewusteloos

昏迷

pijn

痛

verwonding

受傷

bloeding

出血

hartaanval

心臟病發作

beroerte

中風

allergie

過敏

hoest

咳嗽

koorts

發燒

griep

流感

diarree

腹瀉

hoofdpijn

頭痛

kanker

癌症

diabetes

糖尿病

chirurg

外科醫師

scalpel

手術刀

operatie

手術

CT

電腦斷層掃描

röntgenstraal

X光

ultrageluid

超音波

gezichtsmasker

口罩

ziekte

疾病

wachtkamer

候診室

kruk

拐杖

pleister

石膏

verband

繃帶

injectie

注射

stethoscoop

聽診器

brancard

擔架

thermometer

體溫計

geboorte

出生

overgewicht

超重

hoorapparaat

助聽器

ontsmettingsmiddel

消毒液

infectie

感染

virus

病毒

HIV / AIDS

愛滋病

medicijn

藥物

vaccinatie

接種疫苗

tabletten

藥片

pil

藥丸

noodoproep

急救電話

bloeddrukmeter

血壓計

ziek / gezond

生病/健康

Help!

救命！

overval

突擊

aanval

攻擊

gevaar

危險

nooduitgang

緊急出口

alarm

警報

Brand!

失火了！

brandblusser

滅火器

ongeval

意外

EHBO-kit

急救箱

SOS

呼救訊號

politie

員警

Europa

歐洲

Noord-Amerika

北美洲

Zuid-Amerika

南美洲

Afrika

非洲

Azië

亞洲

Australië

澳洲

Atlantische Oceaan

大西洋

Stille Oceaan

太平洋

Indische Oceaan

印度洋

Antarctische Oceaan

南冰洋

Arctische Oceaan

北冰洋

Noordpool

北極

Zuidpool

南極

Antarctica

南極洲

aarde

地球

land

陸地

zee

海

eiland

島

natie

國家

staat

州

wijzerplaat

錶盤

uurwijzer

時針

minuutwijzer

分針

secondewijzer

秒針

Hoe laat is het?

現在幾點？

dag

天

tijd

時間

nu

現在

digitale horloge

電子錶

minuut

分

uur

時

maandag / 週一
dinsdag / 週二
woensdag / 週三
donderdag / 週四
vrijdag / 週五
zaterdag / 週六
zondag / 週日

gisteren
昨天

vandaag
今天

morgen
明天

ochtend
早晨

middag
中午

avond
晚上

werkdagen
工作日

weekend
週末

regen
雨

regenboog
彩虹

wind
風

sneeuw
雪

lente
春

herfst
秋

zomer
夏

winter
冬

weervoorspelling

天氣預告

thermometer

溫度計

zonneschijn

陽光

wolk

雲

mist

霧

vochtigheid

潮濕

bliksem

閃電

donder

打雷

storm

風暴

hagel

冰雹

moesson

季風

overstroming

洪水

ijs

冰

januari

一月

februari

二月

maart

三月

april

四月

mei

五月

juni

六月

juli

七月

augustus

八月

september

九月

oktober

十月

november

十一月

december

十二月

cirkel

圓形

kwadraat

正方形

rechthoek

長方形

driehoek

三角形

bol

球體

kubus

立方體

wit

白

geel

黃

oranje

橙

roze

粉

rood

紅

paars

紫

blauw

藍

groen

綠

bruin

棕

grijs

灰

zwart

黑

veel / weinig

很多/少許

boos / kalm

生氣/平靜

mooi / lelijk

美/醜

begin / einde

首/尾

groot / klein

大/小

licht / donker

明/暗

broer / zus

兄弟/姐妹

proper / vuil

乾淨/骯髒

volledig / onvolledig

完整/缺失

dag / nacht

白天/晚上

dood / levend

死/生

breed / smal

寬/窄

eetbaar / oneetbaar

可食用/非食用

kwaadaardig / vriendelijk

邪惡/善良

opgewonden / verveeld

興奮/無聊

dik / dun

胖/瘦

eerst / laatst

第一/最後

vriend / vijand

朋友/敵人

vol / leeg

滿/空

hard / zacht

硬/軟

zwaar / licht

重/輕

honger / dorst

餓/渴

ziek / gezond

生病/健康

illegaal / legaal

非法/合法

intelligent / dom

聰明/愚笨

links / rechts

左/右

dichtbij / veraf

近/遠

nieuw / gebruikt

新/舊

niets / iets

沒有/有些

oud / jong

老/幼

aan / uit

開/關

open / dicht

打開/闔上

stil / luid

安靜/吵鬧

rijk / arm

富/窮

juist / fout

對/錯

ruw / glad

粗糙/光滑

droevig / blij

傷心/高興

kort / lang

短/長

traag / snel

慢/快

nat / droog

濕/乾

warm / koud

溫暖/涼爽

oorlog / vrede

戰爭/和平

0

nul

零

1

één

一

2

twee

二

3

drie

三

4

vier

四

5

vijf

五

6

zes

六

7

zeven

七

8

acht

八

9

negen

九

10

tien

十

11

elf

十一

12

twaalf

十二

13

dertien

十三

14

veertien

十四

15

vijftien

十五

16

zestien

十六

17

zeventien

十七

18

achtien

十八

19

negentien

十九

20

twintig

二十

100

honderd

百

1.000

duizend

千

1.000.000

miljoen

百萬

Engels

英語

Amerikaans Engels

美式英語

Chinees (Mandarijn)

普通話

Hindi

印地語

Spaans

西班牙語

Frans

法語

Arabisch

阿拉伯語

Russisch

俄語

Portugees

葡萄牙語

Bengali

孟加拉語

Duits

德語

Japans

日語

ik

我

u

你

hij / zij / het

他/她/它

wij

我們

u

你們

ze

他們

wie?

誰？

wat?

什麼？

hoe?

如何？

waar?

何處？

wanneer?

何時？

naam

名字

achter

後面

in

裡面

voor

前面

boven

上方

op

上面

onder

下麵

naast

旁邊

tussen

中間

plaats

地點